QUELQUES CHAPITRES,

PAR HONORÉ RIOUFFE.

A PARIS,

Chez LOUVET, Jardin Egalité, galerie droite en
entrant par la rue Honoré, n°. 137.
Et chez les Marchands de nouveautés.

QUELQUES CHAPITRES.

CHAPITRE PREMIER.

Plan de l'ouvrage.

JE ne puis, mon cher BAILLEUL, me défendre d'une sorte de désespoir, lorsque je pense que, nourri jusqu'ici d'études littéraires, je suis pourtant forcé d'écrire sur les objets de la plus profonde politique. Quelle avarie sur le vaisseau de l'état, que de pilótes engloutis, puisque tant de mains inexperimentées se portent sur le gouvernail! Que de hauts chênes abattus, pour qu'on en soit venu jusqu'à appercevoir toutes ces bruyères! C'est ainsi que dans ces temps désastreux, quelque matière que l'on traite, le cœur et l'esprit ont d'inconsolables regrets à former; c'est ainsi que de quelque côté que les yeux se tournent, ils ont à pleurer sur des ruines. N'importe : voyons si au défaut de certaines études préliminaires, aidé par l'expérience de cinq ans de révolution, je ne pourrai pas trouver dans les principes et dans la raison naturelle, un flambeau qui me guide, et replacer à sa lumière, dans l'ordre qui leur appartient tous les matériaux du système social, encombrés pêle-mêle, mutilés et défigurés.

CHAPITRE II.

De la tyrannie.

IL semble que la première opération à faire après un aussi horrible cahos que celui où la tyrannie nous avait plongés, ce serait de rendre à chaque expression sa valeur véritable, de rasseoir les esprits ordinaires, arrachés de leur assiète par tant de sophismes et d'équivoques. La tyrannie peut être plus ou moins cruelle, mais de sa nature elle n'est jamais qu'un quiproquo politique qui s'établit par la calomnie, l'hypocrisie, et sur-tout par la fausse acception qu'elle donne aux mots. Elle corrompt la langue entière, ébranle toutes les idées et rend tout un peuple comme hébêté et frappé de vertige. Le jour où l'on s'entend, elle est détruite, parce que l'équivoque est finie ; à moins qu'elle ne soit parvenue à acquérir une telle force, qu'elle puisse résister en face, et asservir à front découvert.

Dans les grands états, elle a beau jeu, parce qu'il y est très-difficile de s'entendre ; dans les petites républiques au contraire, elle n'a d'autres ressources que de courir vite à la citadelle et de s'en emparer avec quelques satellites, comme nous le voyons si souvent dans l'histoire des villes de la Grèce ; car avant le coucher du soleil, le mal-entendu peut être éclairci, et par-conséquent le dénouement peut arriver. Donc un des moyens de détruire les effets de la tyrannie, est de rendre, comme je le disais tout-à-l'heure, à chaque mot sa véritable acception. Par exemple, qu'est-ce que la philosophie appliquée à la politique ? C'est l'amour des hommes, et de leur bonheur ; l'adoucissement et l'amélioration de leurs mœurs ; la défense de leurs droits civils fondés sur leurs droits naturels. Voyez mainte-

nant ce que Robespierre appelait philosophie, et sur-tout de quels étranges philosophes il était entouré. Le cœur est plutôt
averti que l'esprit, parce que l'un n'a qu'un
certain instinct à consulter pour retrouver
la bonne route, et que l'autre juge d'après
de certaines règles qui ne sont presque
toutes que le résultat et l'ouvrage de sa faiblesse; enfin pour le dire mieux et en moins
de mots, l'esprit se trompe presque toujours,
le sentiment presque jamais. Cela nous explique comment les fureurs de Robespierre
ont fini avec lui , et pourquoi la plus grande
partie de son systême lui a survécu. Il serait trop long de réfuter en détail chaque
partie de cet amas de sophismes, de paradoxes, de subtilités, d'équivoques dont se
compose toute sa politique : il suffira d'en
extraire ce qu'elle a de plus nuisible sur les
points les plus importans de l'ordre social.
Mais avant d'entrer en matière, je dois trai-
ter du *Royalisme* et du *Robespierrisme* : ce
sont les deux extrêmes qui se touchent; c'est
Charybde et Sylla, entre lesquels le politique doit naviger, mais s'il est possible,
plus heureusement qu'Ulisse, qui tout oc-
cupé de Charybde se jette vers Sylla, qui
lui enlève six de ses compagnons.

CHAPITRE III.

De la royauté.

LE mot de *royauté* ne peut avoir que deux acceptions par rapport à nous : par l'une, il signifie le retour de l'ancièn régime ; et alors il est contre-révolutionnaire. C'est le but, le vœu secret de toutes les castes privilégiées, qui ne peuvent pas plus exister sans lui, que lui sans elles. En provoquer le rétablissement, c'est donc être conspirateur ; puisque par de certaines intelligences et par de certaines coalitions, on veut mettre sa domination à la place de la souveraineté du peuple, et son intérêt particulier à la place de l'intérêt général. Le royalisme contre-révolutionnaire ne peut donc être qu'une affaire de parti, une conspiration ; et cette conspiration ne peut exister que dans des castes, qui s'isolent du reste de la nation. Le royalisme en ce sens ne peut être le vœu d'une nation ; elle s'abuserait à ses propres yeux si elle le croyait ; et les distinctions précédentes en sont déjà la démonstration manifeste. Car il résulte de ce que nous venons de dire, que l'amour de l'ancien régime prend sa source dans un certain intérêt privé ; que cet intérêt ne peut être celui du peuple, qui est le bien général, c'est-à-dire son bien ; et que quand il demande un roi, c'est un gouvernement qu'il demande et non un roi ; car il n'est ni prélat, ni grand seigneur. On cherchera donc le royalisme là où il est, et non où il n'est pas. D'après ces principes, on ne frappera plus de mort, comme l'atroce Robespierre, une cuisinière ou tout autre homme du peuple qui criera *vive le roi*, car il n'est pas royaliste contre - révolutionnaire, et il prononce un mot auquel souvent, il n'atache point de sens et jamais un sens coupable. Un groupe composé d'hommes du peuple, et qui demande un roi ne peut pas vouloir une cour : car ce groupe est formé d'artisans et de marchands, qui ne seront certainement pas transformés en barons, marquis, vicomtes et prélats pour avoir entrée à cette cour, et leur demande est une folie et non une conspiration ; elle n'est nullement à craindre pour le gouvernement. Elle peut l'être par de certaines circonstances, et non en soi-même : comme par exemple, si on leur laissait sans cesse sous la main un *prince*, un réjetton de famille dite *royale*.

La seconde acception du mot *royauté*, telle qu'on doit l'entendre de la part du peuple et des individus non privilégiés, diffère donc de la première, en ce qu'elle n'est point contre-révolutionnaire, mais exprime seulement un vœu pour un certain mode de gouvernement. Examinons ces deux systêmes dans leurs conséquences.

CHAPITRE IV.

De la royauté contre-révolutionnaire.

SANS DOUTE il serait tout-à-fait hors d'œuvre de s'appliquer à réfuter un systême contre-révolutionnaire ; mais il n'est pas inutile de chercher à ramener par des raisons des hommes contre lesquels il existe des lois, et de mettre la persuasion à la place de l'échafaud. Il n'est pas hors d'œuvre de chercher à détruire l'égarement, là même où il y a si peu d'égarement, puisque chaque individu royaliste sait fort bien que c'est pour son intérêt particulier qu'il agit : mais n'en eût-on ramené qu'un seul, en voilà assez pour être justifié d'avoir écrit. Le seul moyen qui me paraisse propre à réussir, c'est de leur offrir un tableau raccourci des suites de leur propre système.

Il est des considérations qui les toucheront peu, mais qui cependant suffisent pour bannir à jamais d'entre nous toute idée de ce régime. La dignité de l'homme avilie, l'amas impur des superstitions reprenant la place des lumières, un système de rapetissement de l'espèce humaine succédant aux vues profondes et philantropiques de la philosophie, tant de sang et de lauriers, tant de travaux et de souffrances, non-seulement perdus, mais dont on voudrait anéantir jusqu'au souvenir même; les vainqueurs de Fleurus forcés d'obéir aux fuyards de Coblentz ; la grandeur d'ame obligée de se taire devant la bassesse orgueilleuse des rangs. Qu'on se représente cette armée de héros mutilés pour la cause de la liberté ! Est-ce vers le tyran contre lequel ils auront combattu qu'ils tendront leurs mains pour implorer des secours mérités ? Est-ce sur les marches de son palais qu'ils viendront s'asseoir et pleurer ? Qui dévorera ce spectacle ? Qui pourra voir sans se venger ou périr à

chaque instant du jour, le vice insolent tour-
nant en ridicule l'enthousiasme de la vertu,
l'ignorance raillant le savoir, la servitude ou-
trageant la liberté ? Quoiqu'à chaque trait de
ce tableau moral s'attachent nécessairement
des désordres physiques , des déchiremens ,
du sang et des pleurs, je viens de dire qu'il
toucherait peu certaines personnes, qui, par
cela seul, sont jugées, soit qu'elles ne voient
tout ceci qu'en abstraction, et non dans son
application , ou soit que lumières , vertu,
liberté n'aient jamais rien dit à leur ame.

Mais seront-elles insensibles au bouleversement universel des fortunes , aux réactions
inséparables d'une contre-révolution qui pla-
cerait deux proscripteurs dans chaque village,
le ci-devant seigneur et le curé ? La nation,
depuis dix-huit mois fatiguée de délations,
d'espionage et de vengeance, se replongerait
dans les mêmes calamités. On serait dénoncé
au château comme on l'était à la section,
au prône, comme on l'était à la tribune du
club. Dieu sait si les certificats de bassesse
et de religion seraient obtenus à moins de
frais, que ceux de civisme sous les comités
révolutionnaires, et si la tyrannie des prêtres
ferait plus de grace aux talens , que la ty-

rannie de Collot d'Herbois et de Robespierre. Inhabitable pour les êtres qui pensent, cette terre malheureuse finirait par en dévorer les restes déjà si rares. Forcée de porter tour-à-tour un chapelet ou un bonnet rouge, d'adorer *Jésus* ou *Marat*, de ramper sous un grand seigneur ou sous un clubiste, l'espèce humaine aurait offert en France, dans un court espace de temps, tous les périodes de dégradation et de malheur où elle peut arriver ; et le flambeau de la liberté qui luisait déjà aux yeux de l'Europe entière, s'éteindrait à jamais dans des larmes et du sang. C'est trop long-tems s'arrêter à ce tableau déchirant et qui ne sera jamais réalisé.

CHAPITRE V.

Des journalistes non patriotes.

IL est de certains individus qui toute la journée s'efforcent d'avoir l'air contre-révolutionnaires, et que le ridicule devrait garantir de la sévérité des lois qu'ils semblent braver. Ce sont ces journalistes, qui bien plébéiens , n'ayant à regretter de l'ancien régime, que les censeurs et la rapacité des libraires, le privilège de la faim et de l'humiliation, ont trouvé dans celui de la liberté, de quoi exercer leur imagination et cette funeste facilité , que l'on a en France de parler de ce qu'on ne sait pas. Cependant ils blasphêment sans cesse contre elle. A les entendre , on croirait que les lettres n'ont jamais eu plus à se plaindre ; à les lire , on penserait, qu'à la cour d'un nouveau Capet ils seraient tout au moins sous-précepteurs ou sous-bibliothécaires. Au fond leurs intentions sont moins mauvaises qu'on ne le croit. Ils ne veulent qu'être du parti de l'opposition, parce que cela est piquant et fait gagner quelqu'argent. Ils seraient bien trompés si la contre-révolution arrivait. Le gouvernement les craint trop et fait trop d'attention à eux : ce ne sont ni des contre-révolutionnaires, ni des ci-devant, ni de profonds politiques ; ce sont des faiseurs de libelles, des Pasquins. (*)

____

(*) *Nota.* On m'assure qu'il y a tel de ces journaux où la philosophie est regardée comme le fléau des hommes, et les deux Brutus comme deux scélérats, Voilà du fort, du merveilleux. Cela doit bien se payer. Brutus un scélérat !

CHAPITRE VI.

De la France et des objections contre ses mœurs.

CELUI qui dans la rédaction des lois n'à pas calculé les abus, on peut dire de lui qu'il n'a rien calculé. Cela nous explique comment dans un pays, où il n'y a point de mœurs, les lois sont si multipliées, et cependant si impuissantes. Il pourrait même y avoir tel degré de corruption où la loi ne rencontrant jamais que des exécuteurs infidèles, le gouvernement d'un seul serait l'unique mode qui conviendrait à ce pays, pour le faire exister au moins quelque temps. Car comme dans un tel pays, chacun ne consulterait que son intérêt particulier et non celui de l'état, plus il y aurait d'agens, plus il y aurait d'intérêts particuliers en opposition avec l'intérêt général. La meilleure condition pour un pareil état, est donc celle où il n'y a qu'un intérêt opposé à l'intérêt de tous.

La France en est-elle à cette époque désespérée où toutes les parties du corps social sont viciées et cadavéreuses ? est-elle un terrein maudit du Ciel, où les poisons croissent sans leurs antidotes ? Le crime seul y a-t-il de l'activité ? La vertu y est-elle sans énergie, c'est-à-dire en d'autres termes, n'y a-t-il point de vertu ? Les *Danton* et les *Catilina* y connaissent-ils seuls l'amitié, et n'y serre-t-on d'autres liens que ceux du crime ? En un mot, l'ignorance et la perversité y règnent-elles seules, comme les brumes sur les mers australes ? Est-ce une contrée stupidement vieillie et retombée en enfance au milieu de so *radotage littéraire* ? Le législateur sent-sans cesse se briser sous sa main l'instrumen dont il veut se servir, comme un bois pourr manque sous la main du menuisier ou du charpentier ? Tout ce qui est pauvre n'y est-il pas avide, vénal et cruel ? Tout ce qui es riche n'y est-il pas égoïste, oppresseur et servile ? L'observateur n'a-t-il pas vu cette nation muette et obéissante sous la tyrannie, sans joie et sans élan quand ses tyrans furent abattus, et paraissant s'accoutumer plus facilement à l'assassinat qu'à la liberté ? Ses spectacles, ses modes ne sont-ils pas ce qu'elle idolâtre le plus ? La considération n'y est-elle pas exclusivement le prix des richesses; et lui dire que la pauvreté était en honneur dans les républiques anciennes , n'est-ce pas lui prêcher un système qui ne pourra jamais tomber sous les sens d'un habitant corrompu de ses grandes cités ? Quand on a cessé d'être noble , *le noblement vivre ou le noblement paraître*, n'a-t-il pas été l'objet de tous ses vœux, même quand il en coûtait la vie pour arriver à cette frivole apparence ? Ses spectacles , où les individus se casent entre quatre ais , ne lui sont-ils pas chers en raison de l'inégalité des prix , et voudrait-elle assister demain à un spectacle où il n'y aurait de distinct que les places des magistrats ? Tous ses plaisirs ne tendent-ils pas à être exclusifs , à se séparer de la multitude , tandis que dans les républiques, ce doit être précisément le contraire? La force des mœurs n'est-elle pas si puissante qu'il a été impossible jusqu'ici à une foule innombrable d'individus de se mêler aux assemblées populaires ; et que la verge de la nécessité , la hache des bourreaux , appésanties sur la tête de leurs femmes et de leurs enfans , sur leur propre tête , nont pu leur faire franchir le seuil de la section ou du club ? Si , comme Robespierre allait l'exécuter ,

vous

vous faisiez disparaître de la terre cette partie de la nation, qui jusqu'ici a passé pour la nation entière, n'obtiendriez-vous pas à sa place une multitude ignorante, avilie, tourmentée des mêmes besoins, et n'arriveriez-vous pas au même résultat que le monstre absurde que j'ai nommé ci-dessus, qui, croyant avoir parcouru beaucoup de chemin, n'avait fait que tourner sur lui-même et s'entourer de vices plus grossiers, d'un luxe plus âpre et plus dégoûtant ? Si les choses sont telles que je viens de le dire, peut-on trouver, avec du bon sens, que ce soit là des élémens démocratiques ?

Cette nation n'est-elle pas essentiellement commerçante, essentiellement industrieuse, essentiellement *aubergiste* ? En est-il une où l'on ait généralement l'esprit moins juste, moins de notions politiques? N'a-t-elle pas une étendue immense, des rapports sans nombre; n'est-elle pas ouverte de toutes parts à l'irruption des mœurs des peuples qui l'enserrent; a-t-elle comme l'Amérique septentrionale des sauvages pour voisins ; est-elle défendue comme la Suisse par de hautes montagnes? Puisqu'elle a senti le besoin de démocratiser tout ce qui l'environne, n'est-ce pas une preuve qu'elle reconnait l'action inévitable des gouvernemens circonvoisins sur son propre gouvernement? Aucune de ces questions n'est oiseuse, et sans les avoir résolues on ne pourra avoir qu'une opinion vague ou hasardée.

Une partie de ces questions peuvent être faites également par le royaliste contre-révolutionnaire, et par le royaliste pur et simple. Le premier le faisant par passion et de mauvaise foi, ne mérite pas qu'on lui réponde ; car la dépravation des hommes est son ouvrage , et les dépraver encore plus est son but. L'autre les voit dépravés sans les desirer tels , et peut n'être pas lui-même atteint de la dépravation générale ; ce qui ne peut se dire du royaliste contre-révolutionnaire. Nous laisserons donc le premier et nous répondrons au second.

CHAPITRE VII.

Réponse aux objections précédentes.

Nous avons dans le chapitre ci-dessus, donné à-peu-près le sommaire des raisons qui font croire à certaines personnes que la

royauté est nécessaire en France; nous n'a-
vons ni déguisé, ni affoibli leurs objections
ou leurs craintes.

D'abord je leur ferai une observation, qui
répond à plusieurs des questions précédentes: c'est que cette nation, quelle qu'elle soit
d'ailleurs, a conquis sa liberté, ou pour être
plus exact, a maintenu sa volonté d'être libre, malgré les efforts de l'Europe entière coa-
lisée contre elle; qu'il y a vigueur, cons-
tance et véritable grandeur dans ses succès
militaires; que les aboiemens d'une aristocratie puérile viennent se perdre contre
ce monument éternel de gloire nationale;
que ses quatorze armées, par-tout victorieu-
ses, ont été comme un mur d'airain qui a
dérobé aux regards de l'Europe, ses malheurs et ses turpitudes domestiques; qu'il y a
eu tour-à-tour discipline et indiscipline dans
ses armées, mais constamment du courage
et la volonté d'être libre; qu'on voit bien
ce que la déclaration des droits et les re-
freins de la liberté ont ajouté à l'ame de
nos guerriers; qu'on ne voit pas également
ce que le manifeste des princes a donné de
ressort à l'ame des émigrés; qu'il est clair
au contraire que les uns sont devenus cha-

que jour des hommes; qu'ils ont forcé au res-
pect et à l'admiration les nations les plus
prévenues contre nous; tandis que les autres
sont restés de vieux enfans ridicules, qui
étalent encore tous les anciens travers de
nos mœurs, et continuent à être la fable et le
jouet de l'Europe. Qu'on en peut conclure
que les nouveaux Français sont donc partis
de certains principes régénérateurs, puisqu'ils se sont montrés plus grands qu'eux-
mêmes; lorsque les autres sont restés petits
et ridicules. Tout n'est donc pas fausse philosophie, parlage inutile; puisqu'il en est
résulté réellement un aggrandissement dans
les idées et le courage de nos soldats et de
nos généraux; que nous avons déja obtenu
un résultat incontestable: c'est que des soldats
citoyens sont de très-bons soldats; et que la
liberté est excellente en une chose, c'est
qu'elle sert à battre ses ennemis.

Je viens déja de trouver dans nos victoires
un effet de la liberté; c'est un résultat qu'on
ne peut nier. J'en trouve encore quelques
autres, non moins réels et plus impérissables :
d'abord l'institution des jurés, quelque hor-
riblement souillée qu'elle ait été; la publicité
donnée à toutes les opérations, publicité qui

a imprimé un tel mouvement à l'esprit, qu'on
peut dire qu'elle a rendu impossible le retour
des institutions gothiques ; l'égalité de fait
qui nous a montré des particuliers, nos pères,
dictant des loix, signant des traités et ren-
trant dans la foule sans y être distingués en
aucune manière. C'est cette égalité qui veut
que le président de la convention nationale,
le premier homme de l'immense et puissante
république française, n'ait ni une robe de
pourpre, ni un laticlave, ni une simare, ni des
licteurs; mais circule et se perde comme individu, à la promenade, au spectacle et dans les
lieux publics. L'opiniâtreté avec laquelle cette
égalité a été maintenue, a fait violence au
caractère national, et suffirait peut-être pour
le corriger en peu d'années d'un de ses travers
les plus chéris. Il faut en convenir pourtant,
dans tout ceci se trouvent des élémens de
république : si j'ose m'exprimer ainsi, c'est
un mobilier assez imposant que possède déja
la liberté française. Un autre résultat encore,
c'est que l'homme s'est mesuré avec l'homme
corps à corps et à nud, comme dans un
gymnase ; il s'est mesuré de toute sa force, de toute sa méchanceté, de toute sa
ruse, de tout son génie ; c'est qu'il a déployé

à la tribune toute l'audace de son front et tout l'éclat de sa voix ; et ne peut plus par conséquent se laisser intimider par le fantôme de l'étiquete. Les malheurs qu'a enfanté la révolution française, loin d'avoir tourné contre elle, comme le croyent des politiques superficiels, l'ont consolidée à jamais, ainsi que de grandes adversités développent et fixent notre caractère. Je ne veux pas nous faire l'honneur prématuré de nous appliquer la réflexion suivante ; je la place seulement ici comme idée générale : c'est que dans les véritables démocraties, l'homme n'est plus grand et plus fort que les autres hommes, que parce qu'il a dans ses facultés physiques et morales, tout le développement dont il est susceptible ; presque lui seul mérite d'être appelé homme ; puisqu'il l'est en effet dans toute l'étendue du mot. Car comme le dit Aristote, *nous appelons la nature de chacun, ce qu'il est lorsque ses facultés ont reçu tout leur développement.* Mettez en présense *Milon* et *Sardanapale*, l'*Appius*, dont parle *Tite-Live* et un *Denoailles*, un *Parisien* de 1786, et un *Spartiate* des Thermophyles, et vous aurez le commentaire de cette définition du plus grand philosophe de l'antiquité.

CHAPITRE VIII.

Suite de la réponse aux objections.

JE continue à répondre à mon royaliste pur et simple, non question par question, ce qui serait d'une forme trop aride pour nos lecteurs d'aujourd'hui ; mais avec un ordre qui, quoique caché, n'en est pas moins rigoureux.

Dans le tableau effrayant de la dépravation de nos mœurs, il y a du vrai, il y a de l'exagéré, il y a du faux. Au reste, plus elles seront dépravées, plus elles prouveront contre la monarchie ; car c'est de ses mains que nous sommes sortis tels. Comme cette dépravation ne serait pas dépravation si elle ne faisait pas le malheur de la société, nous avoir arrachés à la monarchie, c'est donc avoir voulu nous arracher au malheur pour tâcher de nous rendre plus heureux. Les grands de toute robe, dont le métier est de trafiquer de l'espèce humaine, se conduisent tous en effet comme de vrais marchands, qui déprécient la marchandise qu'ils veulent acheter, toujours en proportion de l'envie qu'ils en ont. Ils ont sans cesse à la bouche ces propos rebattus : Les

hommes sont méchans, les hommes sont corrompus; l'espèce est faite pour être gouver-
née par l'erreur, et avec une verge de fer.
C'est comme s'ils disaient aux philosophes:
Tenez, c'est une bien misérable marchandise
que l'homme; c'est un être qui n'a point de
valeur : qu'est-ce que vous en ferez ?........
Donnez-nous-le pour rien. Le moindre défaut
de tant de déclamations vagues, c'est de confondre les effets et les causes, de prendre des
habitudes pour des vices naturels, de l'inex-
périence pour de l'incapacité, et les mœurs
d'une ville pour celles d'une nation entière.

Je vais ici au-devant de l'impatience de bien
des lecteurs, qui s'étonnent déja sans doute,
de mon silence sur certaines catastrophes
épouvantables de la révolution, et placent à
chaque ligne le 2 septembre et les assassinats
plus horribles encore des tribunaux révolutionnaires, précisément parce que je ne les y
place pas moi-même. Jamais de tels fléaux
n'ont été de l'essence d'une nation quelconque,
et n'ont dû par conséquent entrer dans la
description de ses mœurs, de ses habitudes
ou de ses vices. Si la révolution a eu ses
Antonnelle, ses *Dobsent*, ses *Dumas*, ses
Fouquier, ses *Collot* et sa *montagne*, l'aris-

tocratie *n'a-t-elle pas ses chouans, ses hor- ribles chouans ?* Déplorons à jamais de pa- reilles horreurs. Mais quand il s'agit d'examiner quelles lois conviennent à un peuple, détour- nons-en nos regards. Si elles étaient partie intégrante du caractère d'une nation, il n'y aurait plus qu'un seul vœu à faire, ce serait que la terre engloutît cette nation-là, ou plutôt cette horde infernale. Si elles ne le sont pas, en parler est absolument étranger à la question qui nous occupe. *La populace, par-tout les pays,* comme le dit Montaigne, *déchiquette les cadavres, et s'en met jusqu'aux cou- des.* Cette populace est l'égout de tous les vices sociaux, elle est le produit de tous les désor- dres, de tous les abus du gouvernement, et se multiplie dans la même proportion qu'eux. Ainsi que la boue de Paris est une boue toute particulière, à cause des parties hétérogènes qui s'y mêlent, la canaille d'une grande ville d'Europe telle que Paris ou Londres, est une canaille à part : lorsqu'elle fermente, elle doit produire tous les poisons. Un bon gouverne- ment a le moins de populace possible, et le meilleur gouvernement serait celui qui n'en aurait point du tout. Ainsi l'aristocratie, rou- lant dans un cercle vicieux, n'est pas plus

heureuse dans ses déclamations contre la populace, que dans ses déclamations contre nos
mœurs ; elle ne fait que prouver la nécessité
d'une réforme, en s'armant néanmoins contre
toute espece de réforme. En approfondissant
cette matière, on trouve un résultat consolant,
c'est que l'étendue de la France peut neutra-
liser la corruption profonde de quelques-unes
de ses parties, comme l'air infect de Paris se
neutralise dans les flots d'air pur dont les
vastes campagnes sont inondées.

Mais en outre, n'y a-t-il pas eu quelque
grandeur morale dans la nation ? Le crime,
a dit un poëte, n'est que passager sur la
terre, comme tous les fléaux. Il est aussi
vrai de dire que la vertu est de tous les
temps, et que l'exemple des grandes et belles
actions y laisse des traces profondes. N'a-
vons-nous pas déjà de ces exemples ? Si l'on
nous disait que dans l'Italie ou dans la
Grèce, il s'éleva de violens orages populaires
à cause de la démocratie jettée tout-à-coup
et sans ménagement au milieu d'une populace effrenée et d'un peuple inexpérimenté,
gouverné despotiquement depuis neuf cents
ans.

Que malgré la guerre épouventable des

élémens de l'ancien ordre de choses, luttant
sans cesse contre les élémens du nouveau ;
malgré le ferment de tous les vices et de
toutes les passions, dont se purgeait l'ordre
social en bouillonnant de fond en comble,
il y eut des mains assez habiles et assez
puissantes pour conserver le dépôt de la liberté, dont quelquefois le nom seul surnageait
au milieu de la tourmente, mais ralliait
toujours tous les partis ; on se sentira déjà
porté à louer l'énergie d'un tel peuple. Si
l'on ajoute qu'en un très-grand nombre, des
hommes courageux se donnèrent ou reçurent
la mort pour cette liberté, qui ne faisait
que d'apparaître à leurs yeux ; qu'en mourant avec calme et grandeur, leurs dernières
paroles étaient des vœux pour la patrie qu'ils
venaient de se créer ; que bien plus éton-
nans que le jeune *Brutus*, qui avait succé
avec le lait la haine des tyrans, ces grands
hommes trouvèrent cette haine dans la force
de leur ame ; et du sein d'une nation long-
temps asservie, s'élevèrent aux hautes conceptions et aux dévouemens généreux ;
qu'enfin, ils se détachèrent tout-à-coup du
fond de cette nation, jusqu'alors sans phy-
sionomie en Europe, et s'élevèrent au plus

haut degré de vertu et de gloire républicaine ; que tous moururent dévoués comme Régulus, irréprochables comme Camille, et patriotes comme le premier des Brutus. Alors on ne pourra refuser son admiration à ce peuple honoré par de tels hommes. Hé bien, ce peuple c'est nous-mêmes ; ces grands hommes ce n'est ni *Phocion*, ni *Thémistocle*, ni *Caton*, ni *Ciceron* : c'est *Vergniaux*, c'est *Roland*, c'est *Ducos* et *Fonfrede*, jeunes et tendres frères, astres gemeaux, qui luiront désormais aux yeux des amis de la liberté, comme *Castor* et *Pollux*, aux regards des nautonniers. Les anciens n'étaient pas plus grands que nous ; mais ils ne se rappetissaient pas. Ils ne s'épuisaient pas en sophismes pour déprécier la vertu. Leur cœur brûlant savait la sentir et la peindre. Fontenelle, académicien, recherche si *Caton* s'est tué avec humeur, s'il a grondé ses gens, s'il les a battus, s'il a dormi d'un bon sommeil. Toute l'antiquité admirait *Caton* et le plaçait au rang des dieux.

Mon royaliste non contre-révolutionnaire et moi, nous avons déja bien parcouru du terrein ensemble, et comme la mauvaise foi n'est par dans son cœur, il a senti son ame

se réchauffer aux traits de vertu et de grandeur qui honorent son pays. Il a vu que la
plupart des questions contenues dans le chapitre VI, étaient frivoles ; qu'on devait attendre
que le temps, le grand et le seul réforma-
teur, aidé d'institutions plus sages, de lois
plus justes, nous guérît de nos travers ; il a vu
que des causes contraires devaient produire
des effets opposés : mais les objections fon-
dées sur les lois immuables de la nature,
l'étendue et la grandeur, sont restées sans so-
lution ; et c'est ici que nous rapprochant
l'un de l'autre, nous allons, quelques doutes encore éclaircis, quelques oppositions
levées, marcher peut-êtres côte à côte dans
le sentier de la vérité, ou du moins dans la
recherche de la vérité.

On est bien à son aise lorsqu'on discute
avec un homme de bonne-foi. Les disputes ne
sont inutiles que parce que l'intérêt les rend
interminables ; ce n'est presque jamais telle
ou telle proposition qu'on soutient, mais sa
réputation ou sa fortune. On ne peut s'em-
pêcher de rire de l'ingénuité de tel disputeur,
qui s'applique très-sérieusement à prouver
à son antagoniste, qu'il est un charlatan ou
un fripon, et qui a la sottise de croire qu'il
le forcera d'en convenir.

. Mon royaliste non contre-révolutionnaire
n'est pas dans ce cas, aussi je marche toujours avec lui d'un pas ferme et assuré, ap-
puyant fortement mes traces, comme un
homme qui se sent sur un terrein solide. Je
ne crains point de sa part de blasphémer
contre la liberté, blasphèmes qui rompraient
tout de suite toute conférence entre nous:
car comment croire qu'on raisonne avec un
homme dans son bon sens, ou même avec un
homme, lorsqu'il se dégrade jusqu'à rejet-
ter ce principe éternel, comme la nature:
l'homme est né libre et l'égal de l'homme.

CHAPITRE IX.

De la Royauté constitutionnelle.

QU'EST-CE que la royauté? Définir la
royauté, telle qu'elle était à Sparte, à
Athènes ou dans Rome, c'est ne pas définir
la royauté qu'il faut définir, c'est fixer toute l'acception d'un mot, par rapport au pays où
l'on vit, ou dont on traite. Royauté a voulu
dire en France pendant neuf cents ans, pouvoir absolu, héréditaire, et appuyé sur des
castes privilégiées.

Pendant un an environ, royauté aurait dû
signifier pouvoir limité, mais universel pour
tout ce qui est d'exécution ; héréditaire sans
caste ni privilèges. La révolution du 10
août a renversé cette royauté. Cette révolution a été faite à Paris par les moyens
employés par les factions et propres aux
factions. Cependant elle a eu l'assentiment
universel des patriotes ; qui fortement at-
tachés à la liberté, redoublèrent d'ardeur
pour elle, et malgré quelques doutes espé-
rèrent que son règne serait plus sûrement
établi sous un régime républicain. Aussi les
administrateurs constitutionnels auraient-ils
été moins craints et moins persécutés, si
on eut observé que le pas qu'ils avaient fait
d'un régime esclave à une monarchie libre,
était bien plus fort que le pas qu'il leur
restait à faire pour arriver d'une monarchie
libre à une république ; car ils avaient prouvé
qu'ils voulaient la liberté, et la république
n'était que la liberté plus étendue et autrement modifiée. *Quand on est d'accord sur
le principe, on l'est bientôt sur les conséquences.* En effet, on eût pu conserver dans
ces administrateurs une foule d'hommes sages, entendus et vraiment précieux à l'état.

L'esprit d'exagération s'est toujours plu à tout confondre, et de là l'appauvrissement du parti des patriotes, qui sans cesse se mutilant, s'assassinant ou s'excommuniant politiquement, a fini par se trouver réduit à ces hommes qui, prompts à prendre tous les masques, servent toujours sous toutes les bannières ; ou à ces étourdis, qui courant toujours à perte d'haleine et comme des insensés, ne peuvent manquer d'être ce qu'on appelle *au pas*, et *à toutes les hauteurs.* Ces deux classes d'hommes sont les fléaux de la société.

Cependant en pesant tout avec la plus scrupuleuse et la plus impartiale attention, il est vrai de dire que les esprits énergiques et *marcheurs en avant*, eurent raison le 10 août contre les esprits prudents, mais traineurs.

L'assemblée constituante ayant commis la faute irréparable et inexplicable de ne pas changer la dynastie, avait également laissé la république ou la contre - révolution à faire après elle. On a du faire la république. Cette république donc, quoiqu'effectuée en partie par des moyens et leviers familiers à l'anarchie, n'en est pas moins sortie

de

de la nature des choses, et a dû être chère à tous les patriotes, même à ceux qui ne la comprirent pas bien d'abord ; puisque comme nous venons de le voir, elle décida du triomphe de la liberté contre le despotisme. La raison d'un homme libre lui fait quelquefois supporter la royauté, l'instinct de son cœur est toujours de la haïr ; voilà pourquoi un aussi grand changement que celui du 10 août, étonna mais n'affligea point les vrais patriotes des départemens ; ils laissèrent faire. En effet que pouvaient-ils regretter dans la royauté, la force qui gouverne ? ils espéraient qu'on la retrouverait bientôt dans une bonne contitution. Quand toutes ces espérances ont été trompées beaucoup d'esprits sages se sont trouvés reportés précisément au même point où ils étaient avant le 10 août ; mais avec cette différence remarquable, que leurs craintes que la république n'enfantât l'anarchie, se sont trouvées justifiées par une horrible et funeste expérience, et que la nation, qui n'avait pas fait la révolution du 10 août, mais qui avait consenti avec joie à en essayer, à pu rester convaincue que son essai avait été on ne peut plus malheureux.

C

Il serait donc possible, d'après la **nature** des choses, que le système auquel on trouverait le plus de monde enclin, à l'époque où j'écris, ce serait le changement de dynastie et la constitution de 89. Je dis ou crois dire la vérité. Je n'ai pas le temps de songer qu'elle est souvent dangereuse et funeste à celui qui la dit.

Mais je crois qu'à présent, comme au 10 août, les esprits énergiques doivent aller en avant, et qu'il y aurait dans ce système constitutionnel tout autant de dangers pour la liberté qu'il y en avait en 90. Une remarque bien affligeante, mais vraie, c'est que depuis le commencement de la révolution, il n'y a point encore eu chez nous une seule institution dont nous n'ayons distingué sur-le-champ, et avec une sagacité extrême, le côté abusif et nuisible pour nous en emparer. Aussi savans, ou, pour mieux dire, aussi corrompus le deuxième mois de notre république que les Romains l'an quatre cents et tant de la leur, nous connaissons tout aussi bien qu'eux comment on achète ou l'on assiège les commices, comment on vole des suffrages, comment ou falsifie, ou altère le sens des lois, comment on en crée de

captieuses , et comment on en arrache de
tyranniques. Quel abus ne ferait-on pas de
la royauté, chose abusive de sa nature, dans
un pays où l'on abuse des choses les plus
saintes ?

Supposons-la établie un moment, et voyons
par l'analyse quelle conduite tiendrait le per-
sonnage qui en serait revêtu.

D'abord je lui vois un titre qui, lui rappe-
lant sans cesse toutes les idées attachées à
ce mot en Europe, et derniérement en France,
ne peut que l'entraîner à chaque instant hors
de lui-même ; et quelques digues que lui
oppose la constitution, le pousse sans cesse
contre elle, afin de l'ébranler et de la détruire.
Armé d'une grande force que les esprits sages
ou timides chérissent tout en la redoutant,
parce qu'elle succède à l'anarchie, le mot de
factieux est pour lui l'épée à deux tranchans
avec laquelle il frappe ce qui s'oppose à ses
volontés. Voyez cependant la flatterie qui a
déja projetté ses lierres rampans, et en tient
son trône enlacé: cet homme est pour ses
flatteurs le roi de France ; son trône constitutionnel, ils l'appellent le premier trône de
l'univers. *Trône, Roi de France,* que d'idées
attachées à ces mots ! Une cour s'établit, les

gens de bien s'éloignent, les hommes immoraux abondent. Ils sont si doux, si faciles à gouverner ! Les défenseurs des principes sont des hommes durs, de mauvaises têtes. Qui sait même si ce ne sont pas des restes de ces épouvantables Jacobins ? Les prêtres ne sont pas les derniers à être admis ; ils prêchent l'ordre, la morale, la subordination ; il en faut pour le peuple. Quelle religion plus subordonnée que le catholicisme ? Quoi de plus insinuant qu'un prêtre romain ? C'est aussi celui qu'on préfère......... Mais il est insermenté : qu'importe ? il faut être tolérant ; il faut plus, il faut les seconder. L'exemple des magistrats est si puissant !... Dieu me pardonne, voilà la cour qui communie en public !

On y déteste ce qui pense, et les philosophes y sont en horreur. On chasse avec soin les patriotes du 14 juillet, comme ceux du 10 août, et ceux du 9 thermidor plus insolemment qu'eux tous. On en recherche bientôt les restes épars ; et tel qui s'est cru sauvé par la monarchie est infailliblement perdu s'il a joué, ne fût-ce qu'une heure, le rôle de démocrate. La royauté ramasse dans le sang le vocabulaire de la tyrannie : les *Brissotins*, les *Rollandistes*, les *Fréronistes* renaissent, mais la liberté, à jamais éclipsée, ne renaît pas ; et l'on n'a plus en mourant la consolation d'en embrasser au moins l'ombre fugitive. Que fera cependant votre roi constitutionnel? Il restera roi, il régnera : ne l'avez-vous pas voulu ainsi ? Octave n'osa s'appeler *roi :* que de travaux il lui en coûta pour parvenir à régner sans paraître régner ! Vous, vous avez applani les difficultés, abrégé la route; et du premier coup, c'est un roi que vous avez fait.

Je n'ai pas parlé des impôts qui lui seront nécessaires, de l'usage de la force armée qui lui sera confiée. N'ai-je pas dit qu'il aurait une cour, et par conséquent tous les vices et tous les besoins ?

Ce n'est pas tout, il aura puni beaucoup de factieux ; ces factieux ne l'étaient qu'à l'ombre d'une constitution qui est anarchiste, puisqu'elle produit des factions : il dénature donc la constitution, l'anéantit, la change ; et en trois ans, vous voilà dans l'esclavage le plus complet. Juste Ciel, que de sang perdu !

Mais que faire, me dira-t-on ? Faut-il continuer à s'épuiser jusqu'à totale défaillance par l'anarchie des comités ? Non; et c'est ici que nous allons jeter un coup-d'œil sur quel-

ques sophismes et quelques exagérations de
l'abominable *Robespierre.*

CHAPITRE X.

De Robespierre.

C'EST un aveuglément bien étrange et bien
désespérant pour la vertu, que le crime et la
tyrannie puissent revêtir quelquefois un air
de grandeur qui en impose, même aux hommes de bien. Brutus était sans doute tour-
menté de cette pensée déchirante , lorsqu'il
s'écriait en se perçant le cœur, *ó vertu, tu
n'es qu'un vain nom.* Déja des pinceaux cou-
pables ont voulu appliquer des couleurs humaines sur l'horrible masque de *Danton* , le
mauvais génie de la France ; et le hideux
Robespierre a paru grand à quelques étran-
gers , parce qu'il s'était élevé sur des mon-
ceaux de cadavres. Hélas! ce n'est pas en di-
sant aux hommes qu'il fut hypocrite, cruel,
sanguinaire, atroce, que vous les guérirez
de cette admiration qu'ils n'osent pas toujours avouer, mais qui s'est emparé du fonds
de leur cœur où elle règne de vive force. Les

historiens dont la lecture forme nos premiers
sentimens, ont rendu la chose impossible.
Ceux-ci, parce qu'en en peignant le crime,
ils ont pris plaisir à exalter les talens et les
succès : les talens qui persuadent, les succès
qui convainquent. C'est ainsi qu'ils ont écrit
la vie de *César*, qui quoique le moins hideux de tous les tyrans, n'en fut pas moins
le patron de tout ce que Rome renfermait
d'impur.

Ceux-là, parce qu'ils n'ont voulu montrer
que de grands forfaits, de grands revers, de
grandes entreprises, comme dans *Marius*,
Sylla et *Catilina*, ou de grands résultats
comme dans *Octave* et *Cromwel*. Mais qui
décomposera le caractère d'un tyran, y trou-
vera toutes les servitudes, toutes les basseses,
tous les malheurs, et très-peu de domination.
Que de honteuses complicités, que de men-
songes avilissans ; que d'amis abandonnés ,
trahis et livrés ; que d'outrages dévorés en
silence. La vertu seule est dominatrice, car
elle commande à celui qui la possède et aux
autres ; elle seule a besoin de génie pour réussir, car le choix de ses moyens est borné ; elle
seule est fière, car elle ne compose jamais
avec le vice ; elle seule a de l'audace, car elle

n'étouffe jamais un sentiment généreux. Si la vertu a de la grandeur, le crime qui est son contraire, n'en saurait avoir: or la tyrannie est le complément de tous les crimes. Admettez la liberté du choix parmi les hommes, et ils choisiront toujours ce qui doit les conduire au but qu'ils se proposent. Ceux qui desirent l'ordre appelleront à les gouverner, l'homme qui leur paraîtra avoir le plus d'ordre; ceux qui veulent vaincre, celui qui leur paraîtra le plus propre à les conduire à la victoire; ainsi des autres choses. Ceux qui dans un pays veulent le pillage, le meurtre, la haine et la débauche, créent le tyran, même à leur insçu. La tyrannie est par conséquent, la suite des efforts combinés de toutes les passions méprisables pour arriver au pouvoir, c'est-à-dire, aux places lucratives; et l'homme le plus signalé par ses vices, se place tout naturellement à leur tête. Il est donc évident que pour parvenir à la tyrannie, il faut être reconnu pour un des hommes les plus scélérats, les plus vils, les plus haineux et les plus abominables de son pays, ou pour le protecteur de tous ceux à qui l'on peut appliquer ces dénominations.

L'ame d'un tyran offre le type de tous les

vices, et voilà pourquoi tous les vices se ral-
lient à elle par une loi universelle de la nature ; elle est leur centre, leur point d'attrac-
tion. Cette coalition de tout ce qu'il y a de
mauvais une fois formée, et l'armement complet, les petites passions abusées, l'intérêt,
la crainte, sont comme autant de vents favorables qui secondent l'entreprise, et le tyran entre à pleine voile dans le port.

Il est vrai que bientôt après il est obligé
de s'ouvrir une route nouvelle. C'est dans
ce retour commandé par la nécessité qu'il
revet une autre forme. Il devient juste en
beaucoup de choses ; et par conséquent le
contraire de lui-même ; chaque jour il se
condamne dans ses semblables, aux fers,
au poteau et à la mort. S'il réussit à anéantir
son ouvrage, c'est-à-dire l'échafaudage dont
il s'est servi pour bâtir la tyrannie, c'est
alors qu'il acquiert un air de grandeur. Les
hommes, pour qui, ainsi que l'a dit un
poëte, *le malheur qui n'est plus, n'a jamais
existé* ; oublient l'horreur du passé pour
jouir des douceurs du présent. Ils oublient
que l'être, qui fait une révolution pour lui,
est un monstre à étouffer. Le bien que le
tyran se fait à lui-même, ils le regardent

comme l'effet d'une bienveillance universelle.
Ils vont jusqu'à prostituer leur reconnais-
sance à qui devrait les faire frémir. En un
mot comme l'infortuné *péruvien*, ils finissent
par adorer leur destructeur. Ils ne remar-
quent pas que si le tyran revient en quelque
chose à la justice, c'est qu'il obéit au soin
de sa conservation. Car l'injuste étant ce qui
nuit à tous, et ce qui nuit à tous, par une
action continue, finissant nécessairement par
tout détruire, il se trouverait détruit lui-
même. Il revient donc à la justice, parce
que, comme l'a dit *Platon: la justice est
de l'ordre*. Mais dans le système social qu'il
a bouleversé, il laisse des traces profondes.
On reconnaît par-tout sa funeste influence,
dans les institutions vicieuses, dans la corruption des hommes auxquels les places sont
confiées, et dans la dépravation commune,
comme on reconnaît l'action des eaux au
bouleversement de certaines parties du globe,
et aux angles rentrans et saillans des montagnes.

La tyrannie doit donc se diviser en deux épo-
ques : l'une où elle fait couler tous les pleurs,
où elle verse des torrents de sang, et déchaîne
tous les fléaux ; l'autre où, arrivée à son but,

qui est le pouvoir suprême, elle répare en quelque chose les ruines qu'elle a faites, pour
n'en être pas écrasée à son tour. C'est cette
première époque à laquelle se borne la vie
de *Robespierre*. Il n'a donc pas même le
prestige du succès, prestige si puissant sur
les esprits. Si le nom de tyran n'exprimait
pas tous les crimes ensemble, il paraîtrait
trop grand pour lui ; parce qu'il n'est pas
arrivé au complément de la tyrannie qui est
l'absolu pouvoir. Être obscur et vil, d'un
maintien honteux et bas, la nature qui ne
destine aucun homme à commander à ses
semblables, mais qui les conforme cependant
quelquefois avec un certain air de comman-
dement dans le buste, dans les yeux ou dans
la majesté de la taille, lui avait refusé tous
ces dons. Inconnu des soldats et n'osant supporter le grand jour d'un camp, ni celui
d'une mission, la caverne des jacobins était
l'asile ténébreux où il se plaisait à préparer
ses poisons. L'instant où il voulut essayer
de dominer ses camarades, il fut précipité à
jamais ; parce qu'il n'était pas d'une ligne
plus grand qu'eux. Une étrange absurdité
serait de croire qu'il ait gouverné. Qu'est-
ce que le gouvernement en effet ? C'est la

force qui établit l'unité d'action au milieu de tous les intérêts. Il lui arriva précisément le contraire. Ses prétendus agens agissaient pour eux-mêmes, les comités pillaient pour leur propre compte, les réquisitions devenaient la proie des particuliers ; tout était anarchie jusque dans les assassinats, que le monstre appelait des vengeances publiques, et qui n'étaient que des vengeances particulières. Dans un semblable cahos, dans une confusion aussi horrible, qui peut reconnaître l'influence d'une volonté ferme et puissante ? Comme il n'y a point d'ordre dans la marche de ces voleurs ; point de réglement dans le partage du butin, le chef sans doute bien loin d'être un grand homme, n'est pas même un homme capable, mais seulement quelque misérable vétéran. Il est à la tête de ses camarades, mais il ne les commande point. Il a un grade mais il n'a point de génie. Tel était *Robespierre* , le premier des brigands par droit d'ancienneté, et voilà tout. Quand je songe à la foule innombrable d'absurdités dont ce monstre à fait retentir toutes les tribunes ; au coup mortel qu'il avait su porter à toute idée saine et politique ; quand je pense qu'il n'a pas laissé une seule institution que la raison puisse avouer, qu'il a constamment, pendant cinq ans, calomnié, égorgé, détruit, qu'il n'a jamais pardonné à un ennemi, et que tout ce qui avait quelque talent était son ennemi; quand je me rappelle que les féroces extravagances de *Danton*, père de tous les malheurs révolutionnaires, et les dégoûtantes fureurs de *Marat*, s'étaient comme fondues dans la lâcheté sanguinaire de cet éternel délateur, il m'en coûte de prononcer son nom, d'examiner quelqu'une de ses idées, et c'est avec la plus grande répugnance que je m'y détermine.

CHAPITRE XI.

Du gouvernement, et du choix des membres du directoire.

UNE des idées les plus funestes qu'ait mis en avant cet implacable sophiste, c'est que dans un pays libre, tout devait être arrangé contre le gouvernement, au lieu d'être arrangé pour le gouvernement. Cette idée absurde qui n'est que l'exagération mons-

trueuse d'un sentiment bon en soi et propre
aux pays libres , la méfiance envers ceux
qui ont le pouvoir, a été un de ses grands
moyens de tout bouleverser et de tout confondre. Je crois que dans l'état où sont les
choses en France, il n'y a que la maxime
contraire qui puisse la sauver. Sa révolution,
qui ne ressemble à aucune autre, par le caractère que lui ont donné les sociétés populaires, la liberté de la presse , et sur-tout ses
malheurs , doit encore avoir cela d'extraor-
dinaire, qu'elle crée les hommes, qui dans
les autres révolutions sont leur propre ouvrage. Au lieu que chez les autres nations
des mains puissantes saisissent le dépôt de
la liberté, ici la nation Française doit offrir
le dépôt et nommer les dépositaires. Que ré-
sulta-t-il en effet de cette haine et de cette
méfiance que *Robespierre* avait su inspirer
contre toute autorité légitime? La création
des autorités les plus atroces et les plus ar-
bitraires. Il est bien vrai qu'on n'eût pas en
France osé prononcer le nom de *Dictateur*,
d'*Ephore*, ou tout autre nom qui eût rap-
pelé l'idée d'une suprême magistrature; mais
chez ce peuple si scrupuleux en fait de liberté, si méfiant qu'il laisse de bien loin der-

rière lui les Spartiates et les Romains, on eut un comité de sûreté générale, qui en une nuit pouvait envoyer la moitié de la population dans les cachots ; un comité de salut public qui pouvait détruire l'autre moitié ; des représentans et de simples particuliers revêtus de pouvoirs sans bornes ; enfin l'on eut *Robespierre*. Ainsi le veut la nature des choses, bien plus puissantes que les hommes. Dans le système d'avilir ses magistrats est l'anarchie, et dans l'anarchie est le germe du tyran. Le gouvernement est de nécessité absolue ; c'est un besoin de tous les jours, de toutes les heures, de toutes les minutes dans les plus petits états ; à plus forte raison dans un pays immense. Si vous n'en établissez pas un fondé sur les lois, vous en aurez un fondé sur l'arbitraire ; si vous ne le confiez pas à des hommes de bien, des scélérats s'en empareront ; et telle est sa nécessité, aussi indispensable pour le corps social, que l'air pour l'existence phisique, qu'ils trouveront presque tout le monde prêt à leur pardonner leur usurpation. La contre-révolution n'est ni dans les pamphlets, ni dans les machinations infernales de *Pitt*, elle est dans l'absence du gouvernement.

Cependant, ô législateurs, ô mes concitoyens, vous l'ajournez sans cesse, comme si l'on ajournait la nécessité. Vous êtes encore dominés par les idées de *Robespierre* que vous abhorrez.

Vous errez encore dans cette confusion de comités, dans ce labyrinthe qu'il a bâti pour vous égarer et vous dévorer. Votre bonne-foi même les rend encore plus funestes ; car, respectant chacune de leurs attributions, ce qu'il se gardait bien de faire, vous vous renvoyez sans cesse de l'un à l'autre. Vous craignez jusqu'à l'apparence de l'usurpation ; vous vous arrangez pour vouloir chacun à votre tour ; vous vous faites les honneurs du pouvoir, et votre scrupuleuse délicatesse perd l'état. C'est par une suite de ces mêmes idées que, dans la nouvelle constitution, le pouvoir exécutif, cette institution qui doit sauver la France et vous-mêmes, est encore trop subordonné au pouvoir législatif, sans abri contre les orages, sans digue contre les débordemens ; et ce qui est plus contradictoire encore, il doit sa création à un pouvoir qui est tout au plus son égal. Cependant, n'y a-t-il que le pouvoir exécutif qui soit usurpateur de sa nature ? n'usurpe-t-on pas précisément pour

arriver

arriver à la hauteur où vous l'élevez par votre propre volonté ? De quel côté s'est trouvé jusqu'ici l'ambition qui a tout perdu ? Qui a été sensible à l'appât du pouvoir, et ne peut consentir à éloigner de ses lèvres sa coupe enchanteresse, n'est - ce pas vous - mêmes ? Combien peu de législateurs sont assez philosophes pour vivre dans le sanctuaire de la pensée, dans ce temple écarté, dont les avenues ne sont point inondées par les flots sans cesse renaissans des adorateurs de la fortune ! Seul devant les siècles et la vertu, si le législateur s'ennuie de son honorable solitude, s'il descend des hauteurs de la pensée, c'en est fait de lui pour jamais ; il est perdu. Le torrent des passions humaines l'emporte ; il tourbillonne dans son courant, et va se briser contre les écueils. Osez vous contempler : vous vous verrez assis sur des ruines pour vous être laissé entraîner loin de ces vérités éternelles. Cependant, toutes les parties du corps social gémissent et se disjoignent ; tous vos ennemis montent à l'assaut avec une fureur qui redouble, et vous, vous en êtes encore à délibérer quel pouvoir vous donnerez à vos généraux ! Après toutes les chances qu'a couru la liberté

D

française, elle en a encore une à courir, c'est de s'abandonner à son pouvoir exécutif.

Je voudrais qu'au lieu de cinq membres, il ne fût composé que de quatre. Sur cinq, trois peuvent se liguer et entraver toutes les volontés d'un homme à grand caractère, à vue sûre, rapide et profonde. Je desirerais encore que le président fût nommé pour un an, qu'il fût rééligible, et que, dans le cas de partage des opinions, sa voix fût prépondérante. De quelque manière que ce soit, vous y gagnez encore cet avantage, que vous centralisez.

Il me semble encore qu'on a commis un oubli considérable, c'est qu'en sortant de cette suprême magistrature, il faudrait que le membre du directoire entrât de droit au conseil des anciens ou ailleurs : ce passage rapide d'une place aussi élevée à la nullité absolue est trop brusque, et n'est point dans la nature. Vous devez sur-tout révoquer cette misérable clause en contradiction ouverte avec l'histoire de tous les temps, qui fixe à quarante ans passés l'âge des membres du directoire. Ouvrez-vous une carrière plus vaste. Songez à la force et au ressort qui sont nécessaires pour rattacher toutes les parties de la France à un centre commun. Songez que, les voulant passé quarante, vous les aurez voisins de soixante, et qu'on n'a jamais rien fait de grand en politique ni en législation après cinquante ans. Dans les circonstances extraordinaires, il faut des hommes extraordinaires. La révolution est un géant, il faut un géant pour se mesurer avec elle. On ne crée pas ces hommes-là, je le sais; mais au moins ne bornez pas vous-mêmes le nombre des chances qui peuvent vous être favorables.

Fixons un peu notre attention sur l'homme que nous croyons propre à un poste aussi éminent; voyons quel pilote il nous conviendrait de choisir au milieu de si violentes tempêtes; tâchons d'en présenter un modèle dont il puisse approcher autant que le comporte la nature humaine. Il faut d'abord qu'un membre du directoire ait le cœur pur, l'ame élevée, un esprit juste et profond; qu'il ait de l'humanité sans faiblesse; qu'il soit aguerri aux orages révolutionnaires, et qu'il aime la liberté cent fois plus que sa vie. Il n'y a pas une de ces phrases qui ne soit un lieu commun; mais il n'y a pas une de ces qualités qui ne soit la plus rare du monde; et la dépravation du siècle est telle, qu'il faut bien avertir de compter la vertu pour quelque chose.

Il faut que la probité la plus sévère règle toute sa conduite ; car une révolution creuse mille précipices autour de celui qui est appelé au pouvoir : il ne peut dévier d'un seul pas sans rouler dans les abîmes. Chaque faction est là qui est près de s'en emparer. Il est nécessaire par conséquent qu'il soit convaincu qu'il n'y a qu'une ligne à suivre pour lui, celle des lois ; que c'est le balancier avec lequel il peut maintenir l'équilibre ; qu'aucune puissance humaine ne peut s'en créer un autre, et qu'il ait sans cesse devant les yeux l'exemple de tant d'hommes qui, s'attachant à telle ou telle faction qu'ils croyaient pouvoir diriger, ont été emportés et perdus par elles.

Il faut qu'il soit imperturbable dans ses résolutions. Le pyrrhonisme et le scepticisme sont ce qui convient le moins à celui qui gouverne un état. Il faut donc qu'il ait une souveraine justesse d'esprit pour le diriger ; car, son parti une fois pris, rien ne doit plus le faire changer.

Faut-il qu'il soit homme de lettres, philosophe, négociant, homme de guerre ? Qu'importe ! Il faut qu'il ait l'esprit juste et le cœur libre et pur, ainsi que je viens de le dire.

L'homme qui a fait constamment sa profession de ce qu'on appelle proprement les belles-lettres, en a souvent la tête plutôt affaiblie que fortifiée. C'est une liqueur spiritueuse qui enivre beaucoup plus d'esprits qu'on ne le croit communément. Quelques-uns plient sous le nombre de mots dont ils sont surchargés, comme un arbre plie sous le luxe de ses branches; d'autres y ont contracté une mobilité funeste; et, accoutumés à sauter d'idée brillante en idée brillante, ils y ont perdu la suite et la méthode. Le philosophe lui-même n'est pas exempt de cette instabilité. Comme un homme qui a beaucoup d'amis s'attache moins que celui qui n'en a qu'un seul, l'homme qui a une foule d'idées finit par s'attacher moins à chacune d'elles, et n'est pas loin de tomber dans le pyrrhonisme. Comme toutes les autres passions, la passion d'agir se forme dans la solitude de l'entendement, au milieu de deux ou trois pensées chéries. Peu d'idées pour lesquelles on se passionne font les hommes à caractère, et le caractère compte seul dans la balance des événemens humains. D'ailleurs le tranchant de ces esprits est trop fin , et sujet à s'émousser.

Il faut cependant s'il est possible , que notre membre du directoire soit lettré, et à cause du siècle, et à cause des choses ; autrement, comment maintiendra-t-il la révolution à cette hauteur philosophique d'où elle est partie ? Les lettres accoutument à généraliser les idées ; elles donnent de la grandeur aux conceptions ; elles sont le délassement des esprits élevés, et le seul aliment qui leur convienne. Les esprits assez forts pour n'en être pas énervés arrivent au plus haut degré, comme *Epaminondas*, *Cicéron*, *l'Hopital*, *Sully*, et, s'il faut citer de grands gouverneurs d'hommes, tous rois qu'ils sont, *Marc-Aurèle*, *Julien*, *Frédéric le Grand*.

Il faut encore qu'il soit lettré pour qu'il ne haïsse pas l'esprit et les talens, condition plus essentielle qu'on ne peut dire. Il y a eu quelques beaux génies bruts, qui se sentaient assez vigoureux pour ne pas haïr ce qu'ils ne possédaient pas ; mais ils sont rares ; et l'ignorance, de sa nature, hait le savoir, se ligue contre lui, et appelle à elle la faction innombrable des sots. Un esprit trop aride et resserré dans les soins matériels de l'administration conviendrait encore moins, et imprimerait à la nation entière un sceau de médiocrité et de sécheresse. D'ailleurs, le moyen d'être exalté par les grandes idées d'égalité, de tolérance, de l'amour des hommes, si l'on n'a été élevé par les philosophes, et le moyen de connaître les philosophes, si l'on est absolument illettré. Dans quelques générations, il ne faudra plus qu'aimer la constitution ; il faut encore, au moment actuel, aimer la philosophie : il faut donc que l'homme dont nous nous faisons l'idée, sans être un homme de lettre, soit un homme nourri des belles-lettres.

Il faut que son activité soit infatigable, et que son ame ait un ressort de fer. Je n'ai pas parlé de son mépris de la vie, c'est la première des conditions, et je crois la plus aisée à remplir ; le courage d'esprit est plus rare que celui qui fait braver la mort.

Il faut qu'il ait de la considération acquise; mais ce point n'est pas le plus important; car quoi qu'on en dise, le ridicule n'est pas si prompt à atteindre le pouvoir, qui n'est point une chose plaisante de sa nature. L'homme inconnu ne tardera point à cesser de l'être, dès qu'il sera membre du directoire; et sur-tout à acquérir de la gloire, qui est la considération prise en grand, s'il a des talens véritables. On répétera beaucoup aussi sans doute, qu'il faut qu'il ait l'habitude des affaires. Oui certainement il est nécessaire qu'il connaisse les hommes, qu'il ait un œil pénétrant qui lise toute une phisionomie d'un seul regard. Mais l'habitude des affaires proprement dite est un mot que la médiocrité fera valoir beaucoup et qui signifie peu. Voudrait-on m'apprendre dans quelle place on peut avoir contracté l'habitude de gouverner une immense république dans son époque révolutionnaire et de lutter contre des circonstances aussi nouvelles, aussi compliquées que celles où nous sommes. Je pense qu'il faut oser dans le choix, négliger la routine et que si le ciel nous offrait un homme de génie sans nom et sans emploi jusqu'alors, il ne faudrait pas balancer à le désigner à l'opinion publique.

Mais eût-il tous les dons que je lui suppose, ils deviendraient inutiles si on ne l'environnait d'une confiance absolue. Le moindre danger si on lui fait éprouver des persécutions serait de le pousser dans un parti quelconque : car le magistrat qui ne trouve point d'appui dans les lois, en cherche

dans

dans les hommes; et dans les gouvernemens libres, l'injustice du peuple enfante presque toutes les factions.

Nous pouvons donc conclure contre les paradoxes de notre dernier tyran, que pour conserver la liberté en France, il nous faut un gouvernement dont la force soit proportionnée à l'obstacle, lequel obstacle est en raison de la population, de l'étendue et de l'esprit de faction qui règne dans un pays.

CHAPITRE XII.

J'ALLAIS continuer à examiner les autres absurdités de notre sanglant sophiste, ses équivoques éternelles sur le peuple, sur la démocratie, et prouvant qu'il a tout dénaturé, montrer à mon royaliste qu'il est effrayé du système de *Robespierre*, mais qu'il ne peut l'être de la république; que les seules raisons valables qu'il m'ait objectées, l'étendue et la population ont été comptées pour tout dans nos conceptions politiques. Car quel tribut plus fort peut-on payer à l'éten-

duc et à la population, que d'établir le système représentatif et de nommer sept cents
cinquante représentans sur vingt-cinq mil-
lions d'habitans. Pourquoi donc parler toujours des républiques anciennes, et nous ob-
jecter le peu d'étendue de leur territoire ;
quelque resserrées qu'elles fussent, leur population était plus embarrassante que la nô-
tre, puisqu'il y avait plus de citoyens délibé-
rans que chez nous. Enfin qu'a de commun
la démocratie de ces républiques, avec le gouvernement que nous voulons nous donner.

La constitution m'a fait interrompre un
travail qui devenait inutile à beaucoup d'é-
gards ; puisque des esprits courageux se dé-
gageant tout-à-coup des épaisses ténèbres de
tant de systêmes extravagans, ont osé voir et
proclamer des vérités politiques. Il n'y a plus
que les ennemis de la liberté qui puissent être
les ennemis de la constitution républicaine.

Qu'aurait en effet à alléguer un royaliste,
quelque bannière qu'il suive ; que pourrait-il
regretter dans la royauté, si-non ses abus
même.

Puisque cette constitution républicaine
s'établit sur les bases véritables de la jus-

(59)

tice et de l'égalité, le royalisme devient ou
une puérilité méprisable, une faiblesse ridicule, une dépravation ; ou c'est la haine de
la liberté, sentiment qui fait horreur et avec
lequel il est impossible de transiger.

<hr>

ERRATA.

Page 6, *lig.* 25, naviger, *lisez* naviguer.
Page 21, *lig.* 4, nos pères, *lisez* nos pairs.
Page 27, *lig.* 19 succé, *lisez* sucé.
Page idem, *lig.* dernière, s'élevèrent, *lis.* se placèrent.
Page 31, *lig.* 26, ou falsifie, *lisez*, on falsifie.
Page 39, *lig.* 17, basseses, *lisez* bassesses.

De l'imprimerie d'Antoine BAILLEUL, rue Haute-
Feuille, n°. 22.